MERCI D'AVOIR CHOISI "152 MOMENTS À TES CÔTÉS" DE SPACEBOOKS!

NOUS ESPÉRONS QUE VOUS APPRÉCIEZ CHAQUE PAGE ET QUE CE LIVRE VOUS AIDERA À CRÉER DES SOUVENIRS INOUBLIABLES ENSEMBLE.

NOUS VOUS SOUHAITONS DE NOMBREUX MOMENTS DE BONHEUR ET PLEINS D'AMOUR!

ISBN: 978-84-127658-0-9
www.spacebooks.info

152 MOMENTS À TES CÔTÉS

The couple challenge book

SPACE BOOKS

INSTRUCTIONS

1 Choisissez un défi

2 Prenez une photo en accomplissant le défi

3 Imprimez la photo

avec la taille et le poids recommandés

4 Accrochez la photo

En plus d'accrocher la photo, vous pouvez raconter une anecdote, écrire la date du défi et évaluer dans quelle mesure vous avez apprécié l'activité en coloriant les étoiles.

Indiquer le prénom du partenaire qui votera sous les étoiles:
(partie supérieure et inférieure)

5 Coloriez le cœur avec un crayon rouge pour signaler le défi ACCOMPLI

ENREGISTREZ NUMÉRIQUEMENT CHACUN DES MOMENTS ET MONTREZ AUX AUTRES COUPLES LES CHALLENGES QUE VOUS AVEZ RELEVÉS

TOUT CE QUE VOUS AVEZ À FAIRE EST DE POSTER UNE PHOTO OU UNE VIDÉO DU CHALLENGE SUR INSTAGRAM OU TIKTOK AVEC LE HASHTAG:

#SPACEBOOKSMOMENTS

ET LE NUMÉRO DE CHALLENGE

#CHALLENGE145

MESURES RECOMMANDÉES POUR LES PHOTOS

10x15cm

9x13cm

9x11cm

9x10cm

6x9cm

8x8cm

***LE GRAMMAGE RECOMMANDÉ POUR LES PHOTOS EST DE 70-90GR.**

IL EST RECOMMANDÉ D'UTILISER UN STYLO POUR ÉCRIRE ET NON UN FEUTRE

Bienvenue dans

152 moments à tes côtés

Ce livre de défis est composé de 152 activités passionnantes à faire en couple. Certaines d'entre elles sont plus faciles que d'autres et demandent plus de temps et d'efforts, mais toutes sont conçues pour que vous puissiez en profiter ensemble. Si vous ne parvenez pas à réaliser toutes les activités, ne vous inquiétez pas, l'important est d'avoir de nouvelles idées à faire ensemble et de toujours maintenir cet enthousiasme. Si vous avez déjà réalisé certains des défis, vous pouvez trouver une photo et la coller dans le livre pour vous souvenir de ce moment spécial. De plus, ce livre servira également d'album photo où vous pourrez conserver tous ces moments uniques que vous avez partagés ensemble.

Commençons à créer des souvenirs inoubliables

Photo du couple
01

02
Nouveau look

03
I LOVE YOU
Tatouage d'amour

Le même pyjama
04

05
Visiter un musée

Concert
06

Faire du patin à glace
07

08
Aller voir une pièce de théâtre

Donner du sang
09

Donner de la nourriture ou des vêtements
10

Faire du kayak
11

Nuit d'alcool
12

Marché de seconde main
13

Marathon de films
14

Recréer une scène de film
15

16
Visiter un lieu où une série ou un film a été tourné

Un baiser sous la pluie
17

Bataille de ballons d'eau
18

Taureau mécanique
19

20
Monter dans une montagne russe

Traîneau à chiens
21

Explorer une grotte
22

RAFTING
EN EAUX VIVES
23

COQUES DE
TÉLÉPHONE
ASSORTIES
24

LIEU DE NOTRE
PREMIER
BAISER
25

RECRÉER NOTRE
PREMIER RENDEZ-VOUS
26

PETIT-DÉJEUNER
AU LIT
27

VISITER UN
ESCAPE ROOM
ROOM
666
28

VISITER UNE
MAISON HANTÉE
29

SOIRÉE
CINÉMA
5
30

KARAOKÉ
31

PARTIR EN CAMPING
32

Dîner ou repas préparé par le partenaire 1
33

Dîner ou repas préparé par le partenaire 2
34

Rencontrer des dauphins
35

Rencontrer une célébrité
36

Construire une tente à la maison
37

Séance photos
38

Promenade dans un parc
39

Pique-nique
40

Faire une paella
41

Faire un mojito
42

Tour gastronomique
43

44
Faire un puzzle de 1000 pièces

Fabriquer du savon
HOMEMADE SOAP
45

Fabriquer des bougies
46

Croisière
47

Paintball
48

Aller voir une comédie musicale
49

Aller au cirque
50

Regarder un film en 3D
51

52
Musée de miniatures

Plongée sous-marine
53

Tyrolienne
54

Dîner
romantique
aux chandelles
55

Décorer la maison
pour Noël
56

Vacances à
la plage
57

Voyager en
première classe
58

Préparer
un gâteau
59

60
Pizza maison à
partir de zéro

61
Commencer une
collection

Créer une
œuvre d'art
62

Balade en
gondole
65

63
S'habiller
pareil

Film d'horreur au
milieu de la nuit
64

BALADE EN LIMOUSINE
66

BATAILLE DE BOULES DE NEIGE
67

FAIRE UN BONHOMME DE NEIGE
68

69
FAIRE UN CÂLIN À UN SÉQUOIA

70
TRAIRE UNE VACHE

VOIR LE LEVER DU SOLEIL
71

VOIR LE COUCHER DU SOLEIL
72

73
MONTER À CHEVAL

ADOPTER UN ANIMAL DANS UN REFUGE
74

VISITER UNE USINE
75

VISITER UN VILLAGE FANTÔME
76

POSER UN CADENAS SUR LE PONT LOVE LOCK À PARIS
77

Louer une maison de vacances
78

Parc à thèmes
79

80
Parc aquatique

Visiter un château
81

Safari en Afrique
82

Animal en origami
83

Animal avec des ballons
84

Vacances entre amis
85

Soirée jeux en famille
86

Voir les aurores boréales
87

Dormir dans un bungalow sur l'eau
88

Visiter une pyramide
89

Prochaine destination avec une fléchette
90

Dégustation de vins
91

Créer une nouvelle recette
92

Se dessiner mutuellement
93

Se dessiner mutuellement
94

Sport entre amis
95

Dîner au restaurant avec des amis
96

Inviter des amis à dîner chez nous
97

98
152 MOMENTS À TES CÔTÉS
Offrir ce livre à des amis

Prendre des photos dans un photomaton
PHOTOS
99

Assister à émission de télévision
100

Louer un vélo tandem
101

Cours de yoga
102

Festival de musique
103

Minigolf
104

105
Surf

106
Snowboard

107
Escalade

Karting
108

PASSPORT
109
WORLD PASSPORT
WORLD PASSPORT
Voyager sur un autre continent

Monter dans le célèbre bus rouge
110

S'embrasser au réveillon du nouvel an
111

112
Observer les étoiles

113
Pêche

Tir à larc
114

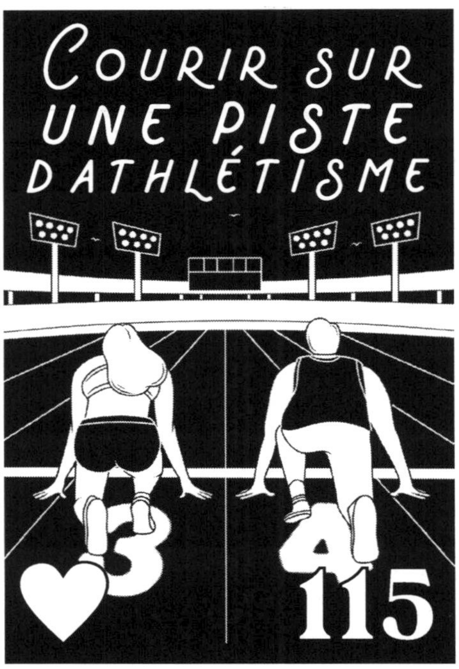
Courir sur une piste dathlétisme
3
4
115

Courir un marathon
ISH
116

Voyage à la montagne
119

Planter un arbre
117

Planter une plante
118

Journée de détente
dans un spa
120

Assister
à un mariage
121

123
Monter à bord
d'une grande roue

Promenade
romantique
en bateau
122

Monter sur
un manège
124

Dîner à la plage
125

127
Golf

Tennis
128

126
Dîner à la
montagne

130
Saut en
parachute

Vol en
montgolfière
129

Balade à moto
131

Se baigner nus
132

Photographes pendant un jour
133

134
Photographes pendant un jour

135
Bricoler l'après-midi

Fabriquer une bière artisanale
136

Se déguiser pour Halloween
137

Se déguiser pour carnaval
138

139
Résoudre un Rubik's cube

140
Acheter un jeu de société

141
Promenade sur la plage

142
Promenade en forêt

APPRENDRE UNE NOUVELLE LANGUE
143

S'INSCRIRE DANS UNE SALLE DE SPORT
144

146
VISITER UN NOUVEAU VILLAGE

UNE JOURNÉE AU LAC
145

SE MARIER
149

VISITER UNE NOUVELLE VILLE
147

148
DÉCOUVRIR UN NOUVEAU RESTAURANT

LUNE DE MIEL
150

ACHETER UNE VOITURE
151

ACHETER UNE MAISON
152

PHOTO DU COUPLE

NOTE QUANT À L'EXPÉRIENCE

☆ ☆ ☆ ☆ ☆
☆ ☆ ☆ ☆ ☆

AVIS SUR L'EXPÉRIENCE

DATE:

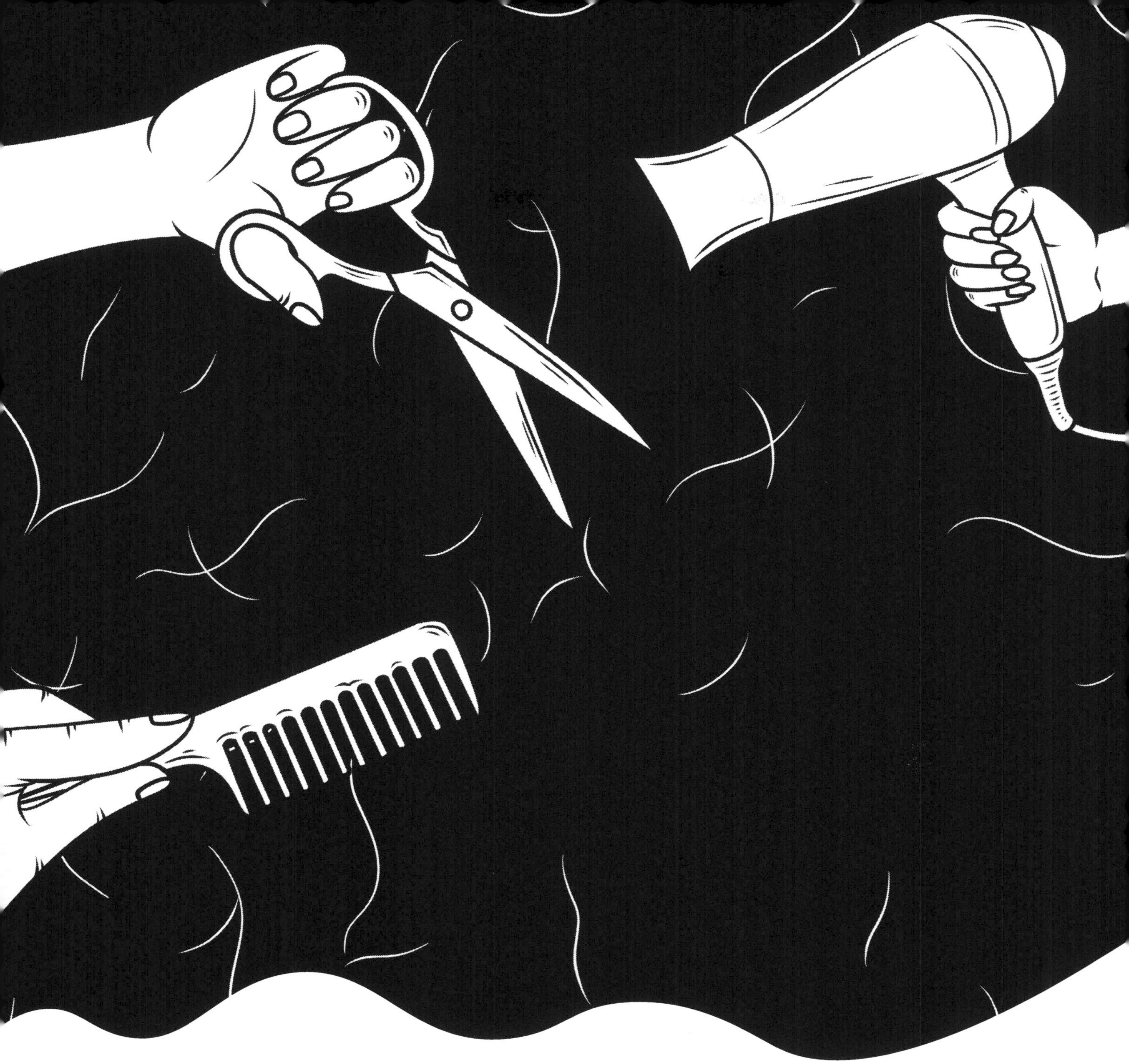

Nouveau look du couple

AVIS SUR L´EXPÉRIENCE

DATE:

NOTE QUANT À L´EXPÉRIENCE

☆ ☆ ☆ ☆ ☆
☆ ☆ ☆ ☆ ☆

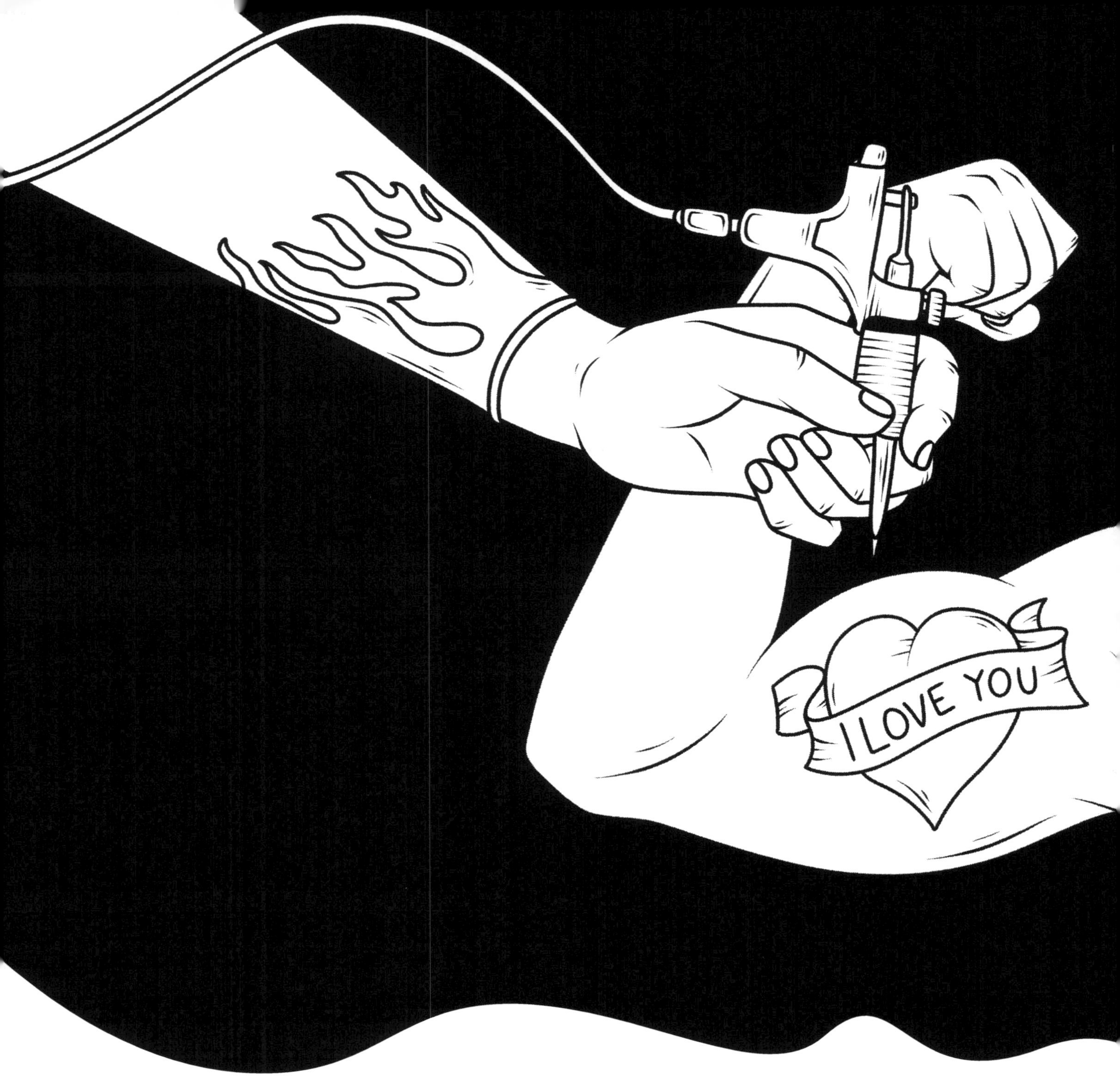

TATOUAGE D'AMOUR

NOTE QUANT À L'EXPÉRIENCE

☆ ☆ ☆ ☆ ☆
☆ ☆ ☆ ☆ ☆

AVIS SUR L'EXPÉRIENCE

DATE:

ACHETER LE MÊME PYJAMA

AVIS SUR L´EXPÉRIENCE

DATE:

NOTE QUANT À L´EXPÉRIENCE

VISITER UN MUSÉE

NOTE QUANT À L'EXPÉRIENCE

☆ ☆ ☆ ☆ ☆
☆ ☆ ☆ ☆ ☆

AVIS SUR L'EXPÉRIENCE

DATE:

AVIS SUR L´EXPÉRIENCE

DATE:

ALLER À UN CONCERT

NOTE QUANT À L´EXPÉRIENCE

☆ ☆ ☆ ☆ ☆
☆ ☆ ☆ ☆ ☆

AVIS SUR L´EXPÉRIENCE

FAIRE DU PATIN À GLACE

NOTE QUANT À L´EXPÉRIENCE

DATE:

ALLER VOIR UNE PIÈCE DE THÉÂTRE

AVIS SUR L´EXPÉRIENCE

DATE:

NOTE QUANT À L´EXPÉRIENCE

☆ ☆ ☆ ☆ ☆
☆ ☆ ☆ ☆ ☆

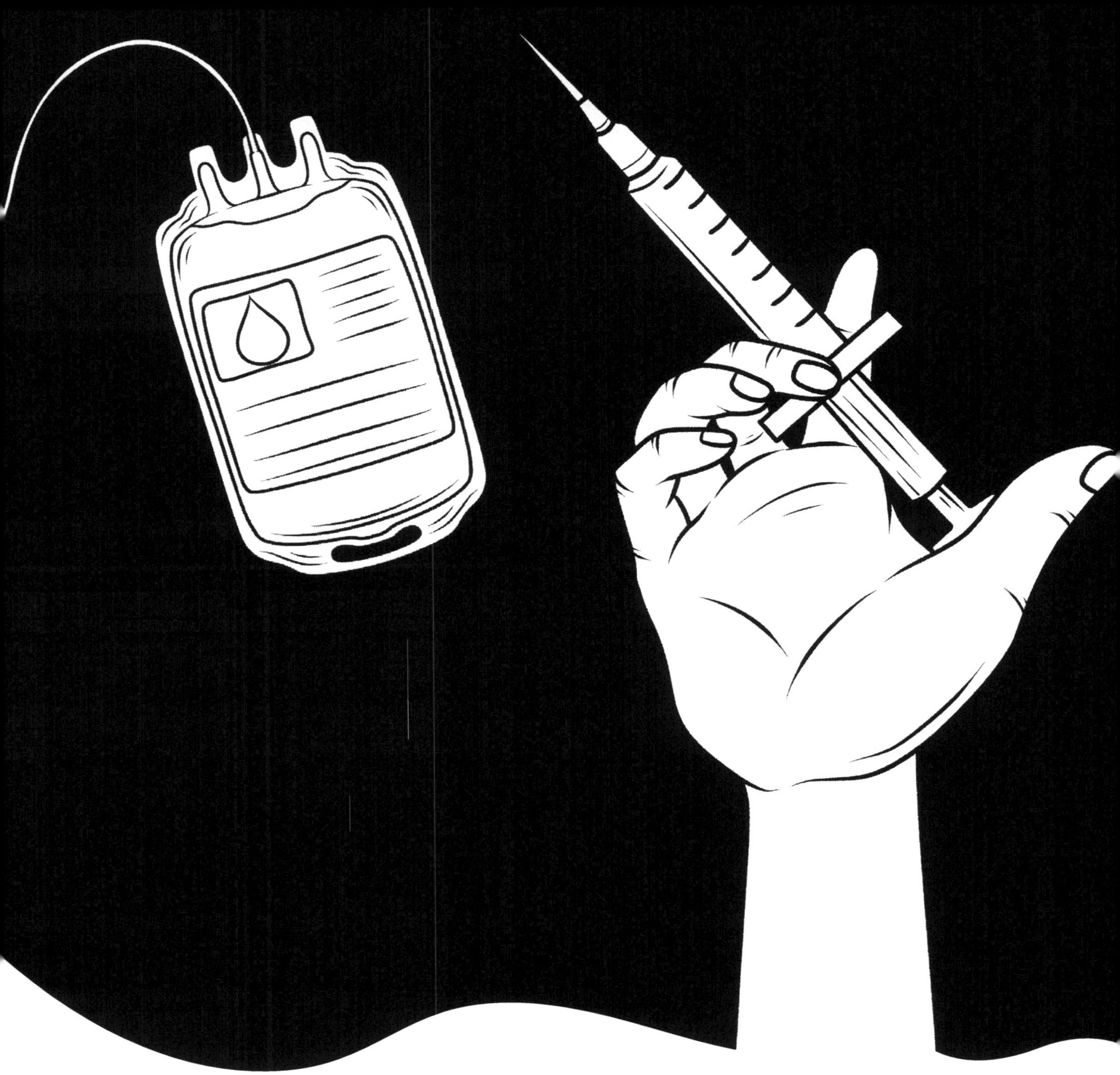

DONNER DU SANG

NOTE QUANT À L´EXPÉRIENCE

☆ ☆ ☆ ☆ ☆
☆ ☆ ☆ ☆ ☆

AVIS SUR L´EXPÉRIENCE

DATE:

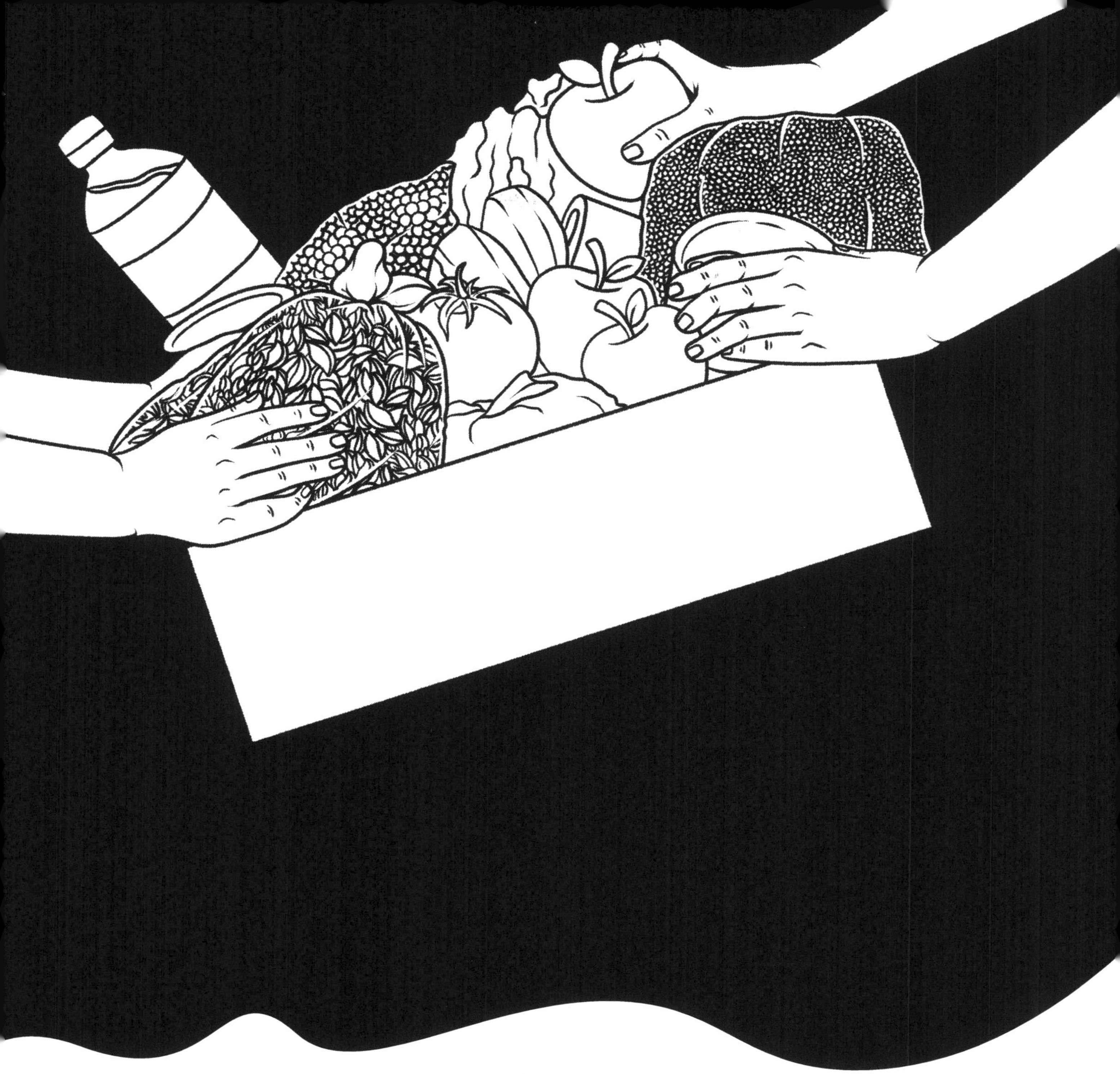

Donner de la nourriture ou des vêtements à une association

AVIS SUR L´EXPÉRIENCE

DATE:

NOTE QUANT À L´EXPÉRIENCE

FAIRE DU KAYAK

NOTE QUANT À L´EXPÉRIENCE

☆ ☆ ☆ ☆ ☆
☆ ☆ ☆ ☆ ☆

AVIS SUR L´EXPÉRIENCE

DATE:

NUIT D'ALCOOL

AVIS SUR L´EXPÉRIENCE

DATE:

NOTE QUANT À L´EXPÉRIENCE

☆ ☆ ☆ ☆ ☆
☆ ☆ ☆ ☆ ☆

ALLER AU MARCHÉ (DE SECONDE MAIN)

NOTE QUANT À L´EXPÉRIENCE

☆ ☆ ☆ ☆ ☆
☆ ☆ ☆ ☆ ☆

AVIS SUR L´EXPÉRIENCE

DATE:

SOIRÉE MARATHON DE FILMS

AVIS SUR L´EXPÉRIENCE

DATE:

NOTE QUANT À L´EXPÉRIENCE

☆ ☆ ☆ ☆ ☆
☆ ☆ ☆ ☆ ☆

RECRÉER UNE SCÈNE DE FILM

NOTE QUANT À L'EXPÉRIENCE

☆ ☆ ☆ ☆ ☆
☆ ☆ ☆ ☆ ☆

AVIS SUR L'EXPÉRIENCE

DATE:

VISITER UN LIEU OÙ UNE SÉRIE OU UN FILM A ÉTÉ TOURNÉ

AVIS SUR L'EXPÉRIENCE

DATE:

NOTE QUANT À L'EXPÉRIENCE

☆ ☆ ☆ ☆ ☆
☆ ☆ ☆ ☆ ☆

UN BAISER SOUS LA PLUIE

NOTE QUANT À L´EXPÉRIENCE

☆ ☆ ☆ ☆ ☆
☆ ☆ ☆ ☆ ☆

AVIS SUR L´EXPÉRIENCE

DATE:

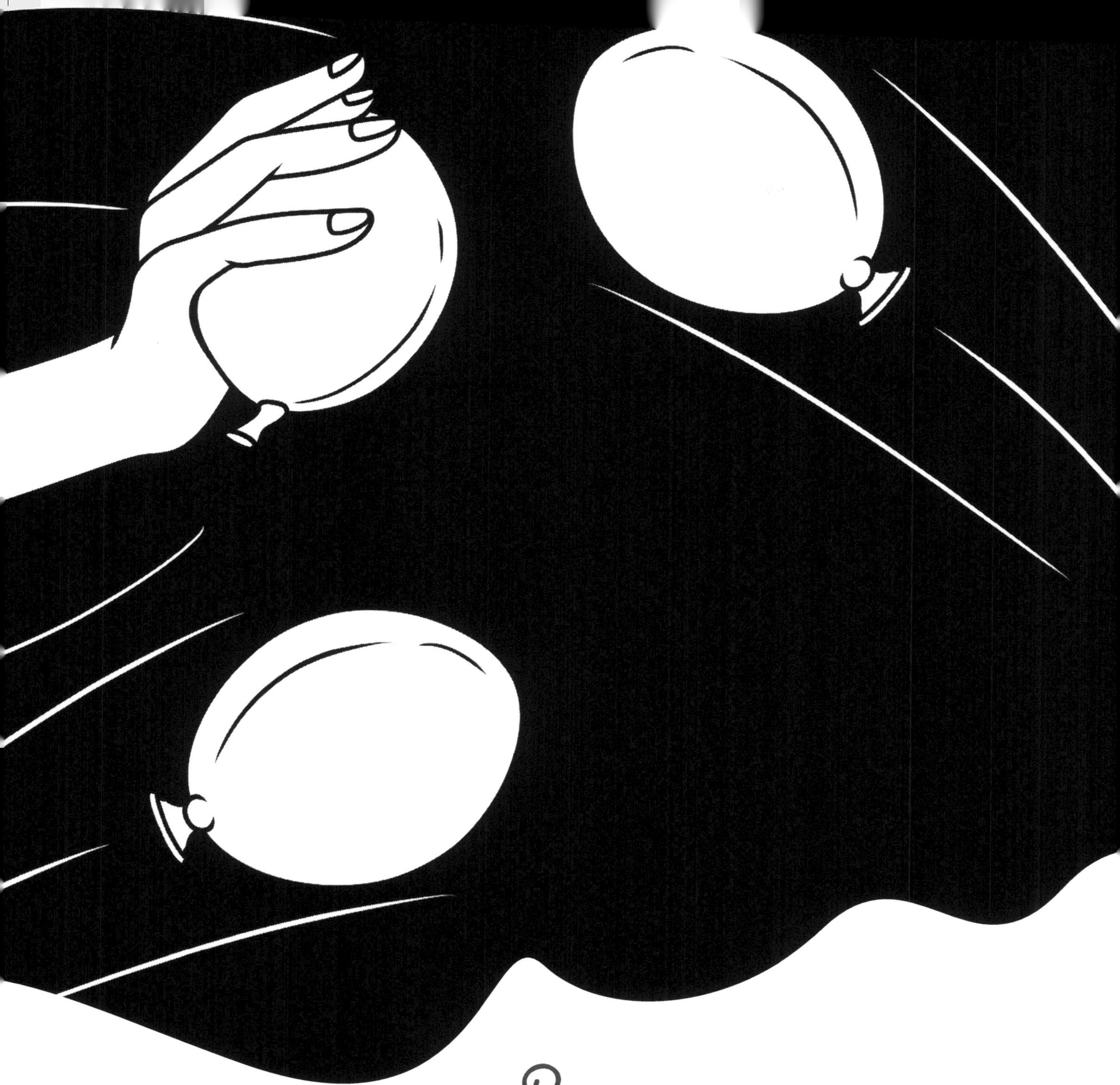

Bataille de ballons d'eau

AVIS SUR L'EXPÉRIENCE

DATE:

NOTE QUANT À L'EXPÉRIENCE

☆ ☆ ☆ ☆ ☆
☆ ☆ ☆ ☆ ☆

MONTER SUR UN TAUREAU MÉCANIQUE

NOTE QUANT À L´EXPÉRIENCE

☆ ☆ ☆ ☆ ☆
☆ ☆ ☆ ☆ ☆

AVIS SUR L´EXPÉRIENCE

DATE:

AVIS SUR L´EXPÉRIENCE

DATE:

MONTER DANS UNE MONTAGNE RUSSE

NOTE QUANT À L´EXPÉRIENCE

☆ ☆ ☆ ☆ ☆
☆ ☆ ☆ ☆ ☆

Traîneau à chiens

NOTE QUANT À L´EXPÉRIENCE

☆ ☆ ☆ ☆ ☆
☆ ☆ ☆ ☆ ☆

AVIS SUR L´EXPÉRIENCE

DATE:

AVIS SUR L´EXPÉRIENCE

DATE:

Explorer une grotte

AVEC UN GUIDE PROFESSIONNEL

NOTE QUANT À L´EXPÉRIENCE

AVIS SUR L'EXPÉRIENCE

FAIRE DU RAFTING EN EAUX VIVES

NOTE QUANT À L'EXPÉRIENCE

☆ ☆ ☆ ☆ ☆
☆ ☆ ☆ ☆ ☆

DATE:

AVIS SUR L´EXPÉRIENCE

COQUES DE TÉLÉPHONE ASSORTIES

NOTE QUANT À L´EXPÉRIENCE

DATE:

RETOURNER DANS LE LIEU DE NOTRE PREMIER BAISER

NOTE QUANT À L'EXPÉRIENCE

☆ ☆ ☆ ☆ ☆
☆ ☆ ☆ ☆ ☆

AVIS SUR L'EXPÉRIENCE

DATE:

AVIS SUR L´EXPÉRIENCE

RECRÉER NOTRE PREMIER RENDEZ-VOUS

NOTE QUANT À L´EXPÉRIENCE

☆ ☆ ☆ ☆ ☆

☆ ☆ ☆ ☆ ☆

DATE:

AVIS SUR L'EXPÉRIENCE

PETIT-DÉJEUNER AU LIT

NOTE QUANT À L'EXPÉRIENCE

☆ ☆ ☆ ☆ ☆
☆ ☆ ☆ ☆ ☆

DATE:

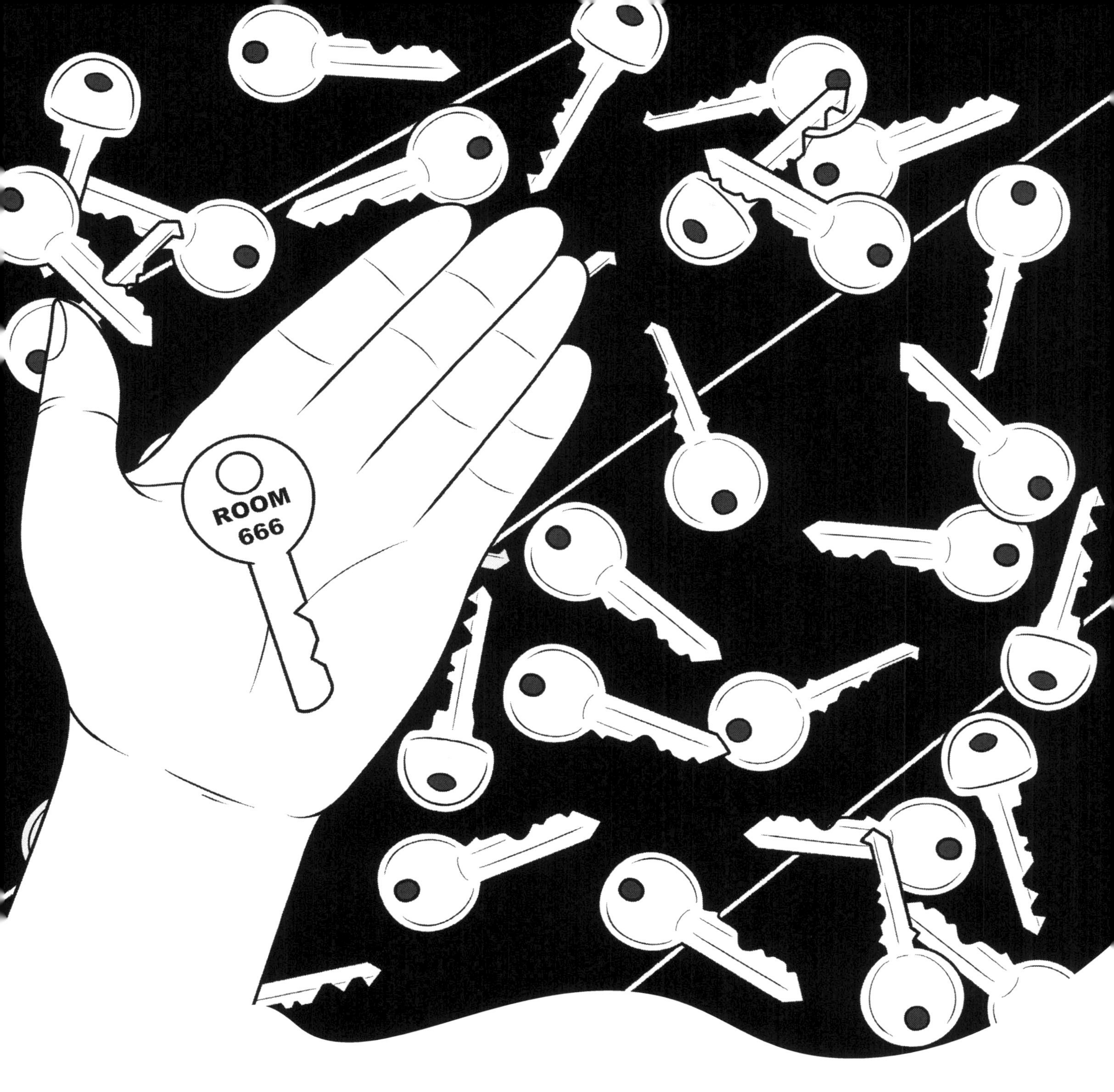

AVIS SUR L´EXPÉRIENCE

VISITER UN ESCAPE ROOM

NOTE QUANT À L´EXPÉRIENCE

☆ ☆ ☆ ☆ ☆
☆ ☆ ☆ ☆ ☆

DATE:

VISITER UNE MAISON HANTÉE

NOTE QUANT À L´EXPÉRIENCE

☆ ☆ ☆ ☆ ☆
☆ ☆ ☆ ☆ ☆

AVIS SUR L´EXPÉRIENCE

DATE:

Soirée Cinéma

AVIS SUR L´EXPÉRIENCE

DATE:

NOTE QUANT À L´EXPÉRIENCE

☆ ☆ ☆ ☆ ☆
☆ ☆ ☆ ☆ ☆

AVIS SUR L´EXPÉRIENCE

KARAOKÉ

NOTE QUANT À L´EXPÉRIENCE

☆ ☆ ☆ ☆ ☆
☆ ☆ ☆ ☆ ☆

DATE:

AVIS SUR L´EXPÉRIENCE

DATE:

Partir en CAMPING

NOTE QUANT À L´EXPÉRIENCE

☆ ☆ ☆ ☆ ☆
☆ ☆ ☆ ☆ ☆

DÎNER OU REPAS PRÉPARÉ PAR :

(PRÉNOM DU PARTENAIRE 1)

AVIS DU PARTENAIRE 2 SUR LE REPAS

☆ ☆ ☆ ☆ ☆

AVIS SUR L´EXPÉRIENCE

DATE:

DÎNER OU REPAS PRÉPARÉ PAR :

(PRÉNOM DU PARTENAIRE 2)

AVIS DU PARTENAIRE 1 SUR LE REPAS

☆ ☆ ☆ ☆ ☆

AVIS SUR L'EXPÉRIENCE

DATE:

AVIS SUR L'EXPÉRIENCE

Rencontrer des dauphins

NOTE QUANT À L'EXPÉRIENCE

☆ ☆ ☆ ☆ ☆
☆ ☆ ☆ ☆ ☆

DATE:

AVIS SUR L´EXPÉRIENCE

RENCONTRER UNE CÉLÉBRITÉ

NOTE QUANT À L´EXPÉRIENCE

☆ ☆ ☆ ☆ ☆
☆ ☆ ☆ ☆ ☆

DATE:

Construire une tente à la maison

NOTE QUANT À L'EXPÉRIENCE

☆ ☆ ☆ ☆ ☆
☆ ☆ ☆ ☆ ☆

AVIS SUR L'EXPÉRIENCE

DATE:

AVIS SUR L´EXPÉRIENCE

Séance PHOTOS

NOTE QUANT À L´EXPÉRIENCE

DATE:

AVIS SUR L´EXPÉRIENCE

PROMENADE DANS UN PARC

NOTE QUANT À L´EXPÉRIENCE

☆ ☆ ☆ ☆ ☆
☆ ☆ ☆ ☆ ☆

DATE:

AVIS SUR L´EXPÉRIENCE

DATE:

Pique-nique

NOTE QUANT À L´EXPÉRIENCE

☆ ☆ ☆ ☆ ☆
☆ ☆ ☆ ☆ ☆

Faire une PAELLA

NOTE QUANT À L'EXPÉRIENCE

☆ ☆ ☆ ☆ ☆
☆ ☆ ☆ ☆ ☆

AVIS SUR L'EXPÉRIENCE

DATE:

AVIS SUR L´EXPÉRIENCE

DATE:

Faire un MOJITO

NOTE QUANT À L´EXPÉRIENCE

☆ ☆ ☆ ☆ ☆
☆ ☆ ☆ ☆ ☆

TOUR GASTRONOMIQUE

NOTE QUANT À L´EXPÉRIENCE

☆ ☆ ☆ ☆ ☆
☆ ☆ ☆ ☆ ☆

AVIS SUR L´EXPÉRIENCE

DATE:

FAIRE UN PUZZLE DE 1000 PIÈCES

AVIS SUR L'EXPÉRIENCE

DATE:

NOTE QUANT À L'EXPÉRIENCE

☆ ☆ ☆ ☆ ☆
☆ ☆ ☆ ☆ ☆

FABRIQUER DU SAVON

NOTE QUANT À L´EXPÉRIENCE

☆ ☆ ☆ ☆ ☆
☆ ☆ ☆ ☆ ☆

AVIS SUR L´EXPÉRIENCE

DATE:

AVIS SUR L'EXPÉRIENCE

FABRIQUER DES BOUGIES PARFUMÉES

NOTE QUANT À L'EXPÉRIENCE

☆ ☆ ☆ ☆ ☆
☆ ☆ ☆ ☆ ☆

DATE:

Croisière

NOTE QUANT À L´EXPÉRIENCE

☆ ☆ ☆ ☆ ☆
☆ ☆ ☆ ☆ ☆

AVIS SUR L´EXPÉRIENCE

DATE:

AVIS SUR L´EXPÉRIENCE

PAINTBALL

NOTE QUANT À L´EXPÉRIENCE

☆ ☆ ☆ ☆ ☆
☆ ☆ ☆ ☆ ☆

DATE:

ALLER VOIR UNE COMÉDIE MUSICALE

NOTE QUANT À L'EXPÉRIENCE

☆ ☆ ☆ ☆ ☆
☆ ☆ ☆ ☆ ☆

AVIS SUR L'EXPÉRIENCE

DATE:

ALLER AU CIRQUE

AVIS SUR L´EXPÉRIENCE

DATE:

NOTE QUANT À L´EXPÉRIENCE

AVIS SUR L'EXPÉRIENCE

Regarder un film en 3D

NOTE QUANT À L'EXPÉRIENCE

DATE:

AVIS SUR L´EXPÉRIENCE

DATE:

Visiter un musée de miniatures

NOTE QUANT À L´EXPÉRIENCE

☆ ☆ ☆ ☆ ☆
☆ ☆ ☆ ☆ ☆

AVIS SUR L´EXPÉRIENCE

PLONGÉE SOUS-MARINE

NOTE QUANT À L´EXPÉRIENCE

☆ ☆ ☆ ☆ ☆
☆ ☆ ☆ ☆ ☆

DATE:

AVIS SUR L´EXPÉRIENCE

Tyrolienne

NOTE QUANT À L´EXPÉRIENCE

☆ ☆ ☆ ☆ ☆
☆ ☆ ☆ ☆ ☆

DATE:

AVIS SUR L´EXPÉRIENCE

DÎNER ROMANTIQUE AUX CHANDELLES

NOTE QUANT À L´EXPÉRIENCE

☆ ☆ ☆ ☆ ☆
☆ ☆ ☆ ☆ ☆

DATE:

Décorer la maison pour Noël

AVIS SUR L´EXPÉRIENCE

DATE:

NOTE QUANT À L´EXPÉRIENCE

☆ ☆ ☆ ☆ ☆
☆ ☆ ☆ ☆ ☆

VACANCES À LA PLAGE

NOTE QUANT À L´EXPÉRIENCE

☆ ☆ ☆ ☆ ☆
☆ ☆ ☆ ☆ ☆

AVIS SUR L´EXPÉRIENCE

DATE:

VOYAGER EN PREMIÈRE CLASSE

AVIS SUR L´EXPÉRIENCE

DATE:

NOTE QUANT À L´EXPÉRIENCE

PRÉPARER UN GÂTEAU

NOTE QUANT À L´EXPÉRIENCE

☆ ☆ ☆ ☆ ☆
☆ ☆ ☆ ☆ ☆

AVIS SUR L´EXPÉRIENCE

DATE:

AVIS SUR L'EXPÉRIENCE

FAIRE UNE PIZZA MAISON À PARTIR DE ZÉRO

NOTE QUANT À L'EXPÉRIENCE

☆ ☆ ☆ ☆ ☆
☆ ☆ ☆ ☆ ☆

DATE:

AVIS SUR L´EXPÉRIENCE

COMMENCER UNE COLLECTION

NOTE QUANT À L´EXPÉRIENCE

☆ ☆ ☆ ☆ ☆
☆ ☆ ☆ ☆ ☆

DATE:

CRÉER UNE ŒUVRE D'ART

AVIS SUR L'EXPÉRIENCE

DATE:

NOTE QUANT À L'EXPÉRIENCE

☆ ☆ ☆ ☆ ☆
☆ ☆ ☆ ☆ ☆

S'HABILLER PAREIL PENDANT UN JOUR

NOTE QUANT À L'EXPÉRIENCE

☆ ☆ ☆ ☆ ☆
☆ ☆ ☆ ☆ ☆

AVIS SUR L'EXPÉRIENCE

DATE:

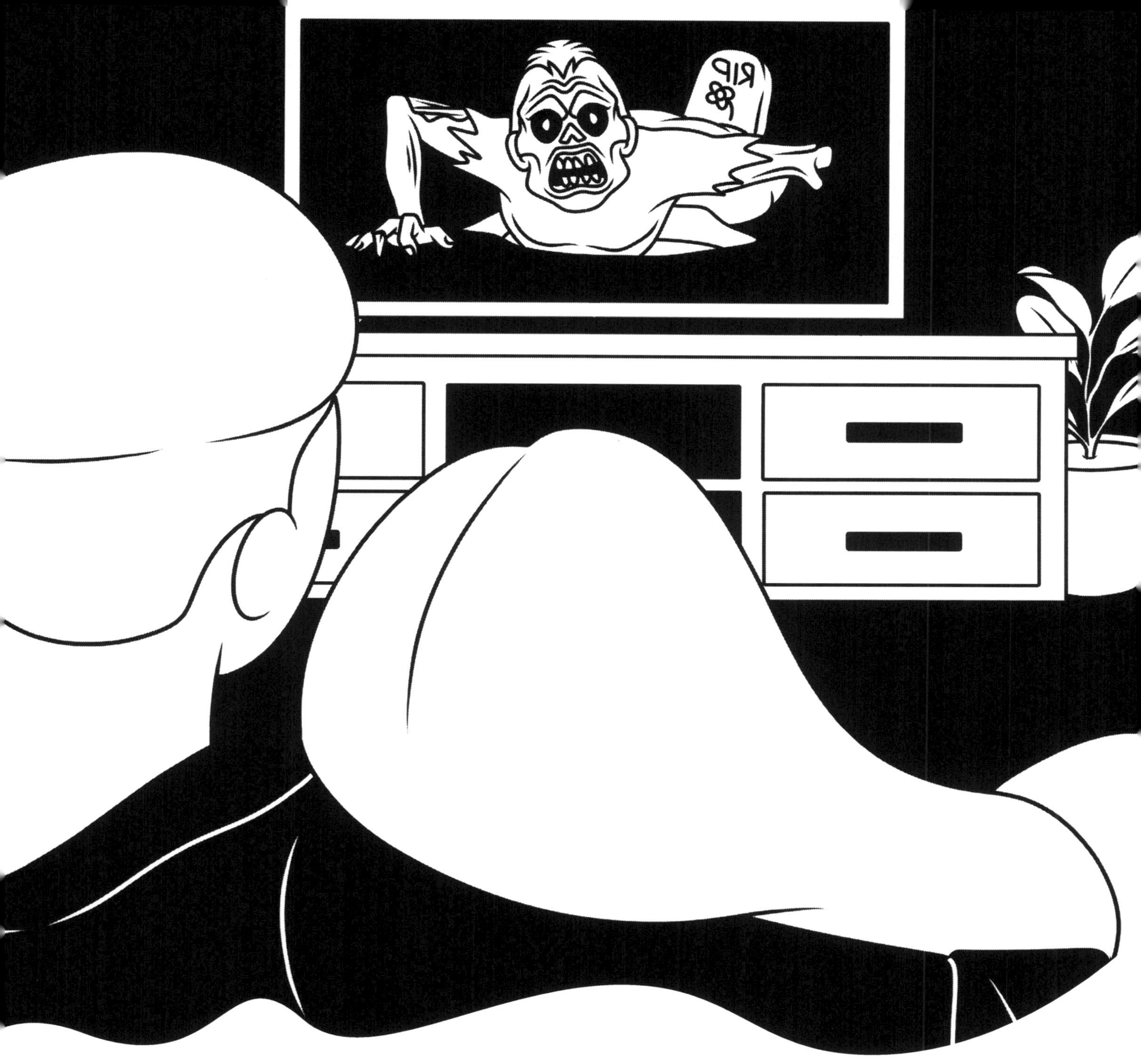

AVIS SUR L´EXPÉRIENCE

FILM D'HORREUR AU MILIEU DE LA NUIT

NOTE QUANT À L´EXPÉRIENCE

☆ ☆ ☆ ☆ ☆
☆ ☆ ☆ ☆ ☆

DATE:

BALADE EN GONDOLE

NOTE QUANT À L´EXPÉRIENCE

☆ ☆ ☆ ☆ ☆
☆ ☆ ☆ ☆ ☆

AVIS SUR L´EXPÉRIENCE

DATE:

AVIS SUR L´EXPÉRIENCE

DATE:

BALADE EN LIMOUSINE

NOTE QUANT À L´EXPÉRIENCE

☆ ☆ ☆ ☆ ☆
☆ ☆ ☆ ☆ ☆

BATAILLE DE BOULES DE NEIGE

NOTE QUANT À L'EXPÉRIENCE

☆ ☆ ☆ ☆ ☆
☆ ☆ ☆ ☆ ☆

AVIS SUR L'EXPÉRIENCE

DATE:

FAIRE UN BONHOMME DE NEIGE

AVIS SUR L´EXPÉRIENCE

DATE:

NOTE QUANT À L´EXPÉRIENCE

☆ ☆ ☆ ☆ ☆
☆ ☆ ☆ ☆ ☆

Faire un câlin à un séquoia

NOTE QUANT À L'EXPÉRIENCE

☆ ☆ ☆ ☆ ☆
☆ ☆ ☆ ☆ ☆

AVIS SUR L'EXPÉRIENCE

DATE:

AVIS SUR L´EXPÉRIENCE

DATE:

TRAIRE UNE VACHE

NOTE QUANT À L´EXPÉRIENCE

☆ ☆ ☆ ☆ ☆
☆ ☆ ☆ ☆ ☆

Voir le lever du soleil

NOTE QUANT À L´EXPÉRIENCE

☆ ☆ ☆ ☆ ☆
☆ ☆ ☆ ☆ ☆

AVIS SUR L´EXPÉRIENCE

DATE:

VOIR LE COUCHER DU SOLEIL

AVIS SUR L'EXPÉRIENCE

NOTE QUANT À L'EXPÉRIENCE

☆ ☆ ☆ ☆ ☆
☆ ☆ ☆ ☆ ☆

DATE:

Monter à cheval

NOTE QUANT À L´EXPÉRIENCE

☆ ☆ ☆ ☆ ☆
☆ ☆ ☆ ☆ ☆

AVIS SUR L´EXPÉRIENCE

DATE:

ADOPTER UN ANIMAL DE COMPAGNIE DANS UN REFUGE

AVIS SUR L'EXPÉRIENCE

DATE:

NOTE QUANT À L'EXPÉRIENCE

VISITER UNE USINE

NOTE QUANT À L´EXPÉRIENCE

☆ ☆ ☆ ☆ ☆
☆ ☆ ☆ ☆ ☆

AVIS SUR L´EXPÉRIENCE

DATE:

AVIS SUR L´EXPÉRIENCE

DATE:

VISITER UN VILLAGE FANTÔME

NOTE QUANT À L´EXPÉRIENCE

Poser un cadenas sur le pont Love Lock à Paris

NOTE QUANT À L´EXPÉRIENCE

☆ ☆ ☆ ☆ ☆
☆ ☆ ☆ ☆ ☆

AVIS SUR L´EXPÉRIENCE

DATE:

LOUER UNE MAISON DE VACANCES

AVIS SUR L'EXPÉRIENCE

DATE:

NOTE QUANT À L'EXPÉRIENCE

☆ ☆ ☆ ☆ ☆
☆ ☆ ☆ ☆ ☆

Parc à thèmes

NOTE QUANT À L'EXPÉRIENCE

☆ ☆ ☆ ☆ ☆
☆ ☆ ☆ ☆ ☆

AVIS SUR L'EXPÉRIENCE

DATE:

AVIS SUR L´EXPÉRIENCE

DATE:

PARC AQUATIQUE

NOTE QUANT À L´EXPÉRIENCE

☆ ☆ ☆ ☆ ☆
☆ ☆ ☆ ☆ ☆

VISITER UN CHÂTEAU

NOTE QUANT À L'EXPÉRIENCE

☆ ☆ ☆ ☆ ☆
☆ ☆ ☆ ☆ ☆

AVIS SUR L'EXPÉRIENCE

DATE:

AVIS SUR L´EXPÉRIENCE

DATE:

SAFARI EN AFRIQUE

NOTE QUANT À L´EXPÉRIENCE

FABRIQUER UN ANIMAL EN ORIGAMI

NOTE QUANT À L´EXPÉRIENCE

☆ ☆ ☆ ☆ ☆
☆ ☆ ☆ ☆ ☆

AVIS SUR L´EXPÉRIENCE

DATE:

AVIS SUR L´EXPÉRIENCE

FABRIQUER UN ANIMAL AVEC DES BALLONS

NOTE QUANT À L´EXPÉRIENCE

☆ ☆ ☆ ☆ ☆
☆ ☆ ☆ ☆ ☆

DATE:

Vacances entre amis

NOTE QUANT À L´EXPÉRIENCE

☆ ☆ ☆ ☆ ☆
☆ ☆ ☆ ☆ ☆

AVIS SUR L´EXPÉRIENCE

DATE:

AVIS SUR L´EXPÉRIENCE

Soirée jeux en famille

NOTE QUANT À L´EXPÉRIENCE

☆ ☆ ☆ ☆ ☆
☆ ☆ ☆ ☆ ☆

DATE:

Voir les AURORES BORÉALES

NOTE QUANT À L´EXPÉRIENCE

☆ ☆ ☆ ☆ ☆

☆ ☆ ☆ ☆ ☆

AVIS SUR L´EXPÉRIENCE

DATE:

DORMIR DANS UN BUNGALOW SUR L'EAU

AVIS SUR L´EXPÉRIENCE

NOTE QUANT À L´EXPÉRIENCE

☆ ☆ ☆ ☆ ☆

☆ ☆ ☆ ☆ ☆

DATE:

Visiter une pyramide

NOTE QUANT À L'EXPÉRIENCE

☆ ☆ ☆ ☆ ☆
☆ ☆ ☆ ☆ ☆

AVIS SUR L'EXPÉRIENCE

DATE:

DÉCOUVRIR LA PROCHAINE DESTINATION AVEC UNE FLÉCHETTE

AVIS SUR L´EXPÉRIENCE

DATE:

NOTE QUANT À L´EXPÉRIENCE

☆ ☆ ☆ ☆ ☆
☆ ☆ ☆ ☆ ☆

DÉGUSTATION DE VINS

NOTE QUANT À L'EXPÉRIENCE

☆ ☆ ☆ ☆ ☆
☆ ☆ ☆ ☆ ☆

AVIS SUR L'EXPÉRIENCE

DATE:

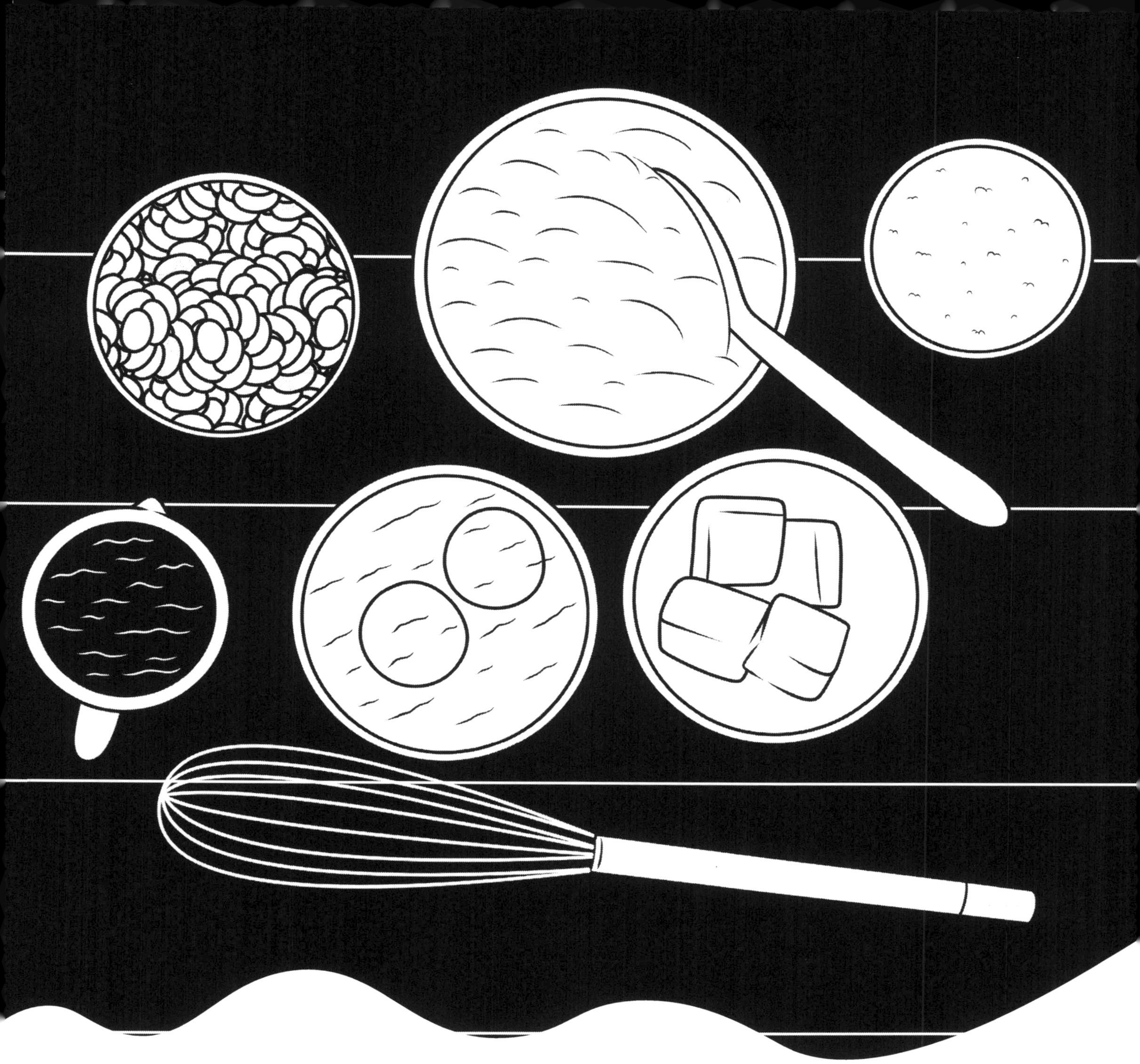

AVIS SUR L'EXPÉRIENCE

DATE:

Créer une nouvelle recette

NOTE QUANT À L'EXPÉRIENCE

☆ ☆ ☆ ☆ ☆
☆ ☆ ☆ ☆ ☆

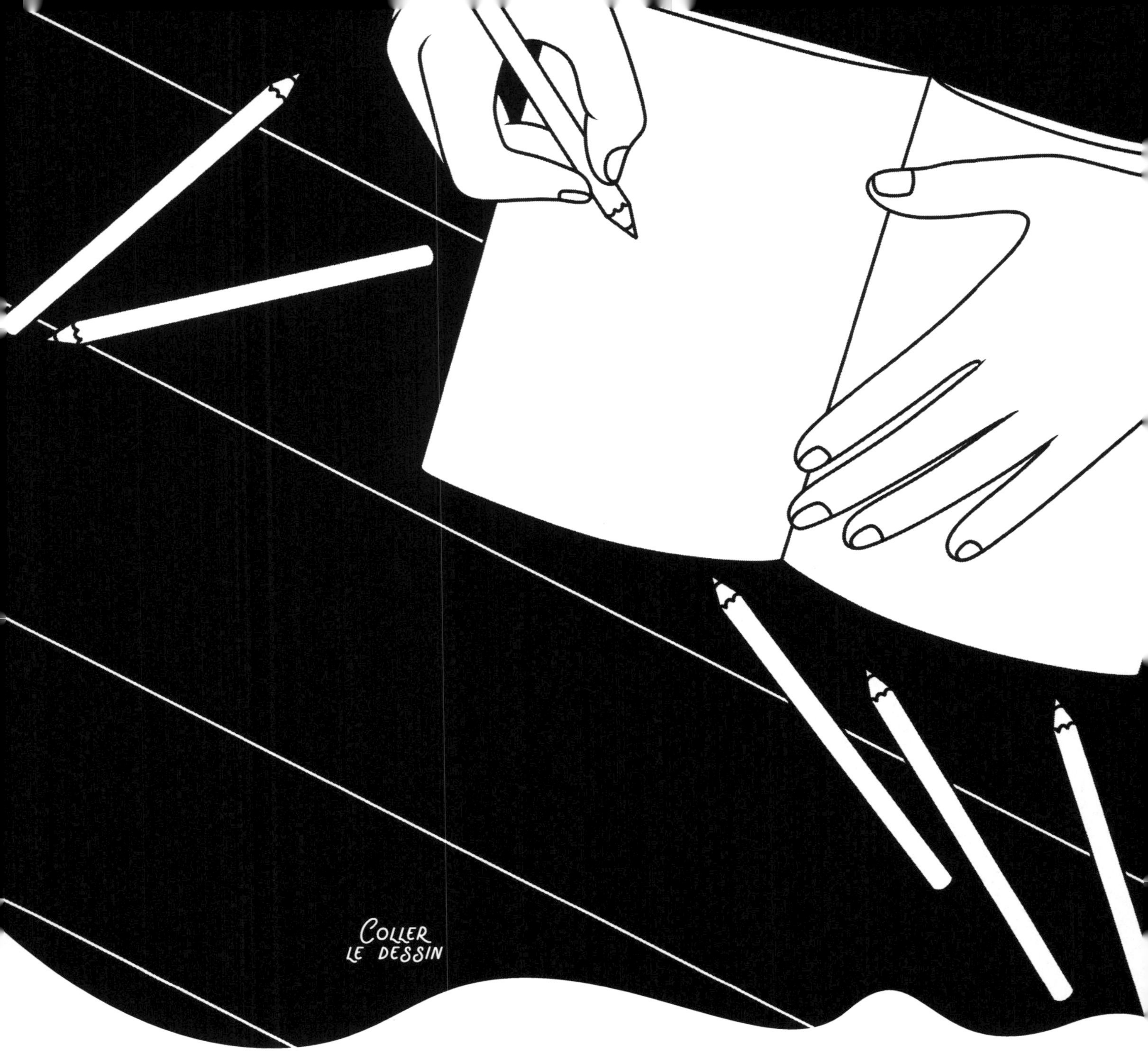

SE DESSINER MUTUELLEMENT. DESSIN DE:

(PRÉNOM DU PARTENAIRE 1)

AVIS DU PARTENAIRE 2 SUR LE DESSIN

☆ ☆ ☆ ☆ ☆

AVIS SUR L'EXPÉRIENCE

DATE:

SE DESSINER MUTUELLEMENT. DESSIN DE:

AVIS SUR L´EXPÉRIENCE

DATE:

(PRÉNOM DU PARTENAIRE 2)

AVIS DU PARTENAIRE 1 SUR LE DESSIN

☆ ☆ ☆ ☆ ☆

Sport entre amis

NOTE QUANT À L´EXPÉRIENCE

☆ ☆ ☆ ☆ ☆
☆ ☆ ☆ ☆ ☆

AVIS SUR L´EXPÉRIENCE

DATE:

AVIS SUR L´EXPÉRIENCE

DATE:

DÎNER AU RESTAURANT AVEC DES AMIS

NOTE QUANT À L´EXPÉRIENCE

☆ ☆ ☆ ☆ ☆
☆ ☆ ☆ ☆ ☆

AVIS SUR L´EXPÉRIENCE

INVITER DES AMIS À DÎNER CHEZ NOUS À LA MAISON

NOTE QUANT À L´EXPÉRIENCE

☆ ☆ ☆ ☆ ☆
☆ ☆ ☆ ☆ ☆

DATE:

AVIS SUR L'EXPÉRIENCE

DATE:

Offrir ce livre à des amis

NOTE QUANT À L'EXPÉRIENCE

☆ ☆ ☆ ☆ ☆
☆ ☆ ☆ ☆ ☆

PRENDRE DES PHOTOS DANS UN PHOTOMATON

NOTE QUANT À L´EXPÉRIENCE

☆ ☆ ☆ ☆ ☆
☆ ☆ ☆ ☆ ☆

AVIS SUR L´EXPÉRIENCE

DATE:

ASSISTER À ÉMISSION DE TÉLÉVISION (DANS LE PUBLIC)

AVIS SUR L´EXPÉRIENCE

DATE:

NOTE QUANT À L´EXPÉRIENCE

AVIS SUR L´EXPÉRIENCE

Louer un vélo TANDEM

NOTE QUANT À L´EXPÉRIENCE

☆ ☆ ☆ ☆ ☆
☆ ☆ ☆ ☆ ☆

DATE:

AVIS SUR L´EXPÉRIENCE

COURS DE YOGA

NOTE QUANT À L´EXPÉRIENCE

DATE:

FESTIVAL DE MUSIQUE

NOTE QUANT À L´EXPÉRIENCE

☆ ☆ ☆ ☆ ☆
☆ ☆ ☆ ☆ ☆

AVIS SUR L´EXPÉRIENCE

DATE:

AVIS SUR L'EXPÉRIENCE

MINIGOLF

NOTE QUANT À L'EXPÉRIENCE

☆ ☆ ☆ ☆ ☆

☆ ☆ ☆ ☆ ☆

DATE:

Surf

NOTE QUANT À L'EXPÉRIENCE

☆ ☆ ☆ ☆ ☆
☆ ☆ ☆ ☆ ☆

AVIS SUR L'EXPÉRIENCE

DATE:

AVIS SUR L´EXPÉRIENCE

DATE:

SNOWBOARD

NOTE QUANT À L´EXPÉRIENCE

☆ ☆ ☆ ☆ ☆
☆ ☆ ☆ ☆ ☆

AVIS SUR L´EXPÉRIENCE

Escalade

NOTE QUANT À L´EXPÉRIENCE

☆ ☆ ☆ ☆ ☆
☆ ☆ ☆ ☆ ☆

DATE:

AVIS SUR L´EXPÉRIENCE

DATE:

FAIRE DU KARTING

NOTE QUANT À L´EXPÉRIENCE

Voyager sur un autre continent

NOTE QUANT À L´EXPÉRIENCE

☆ ☆ ☆ ☆ ☆
☆ ☆ ☆ ☆ ☆

AVIS SUR L´EXPÉRIENCE

DATE:

ALLER À LONDRES ET MONTER DANS LE CÉLÈBRE BUS ROUGE

AVIS SUR L'EXPÉRIENCE

DATE:

NOTE QUANT À L'EXPÉRIENCE

☆ ☆ ☆ ☆ ☆
☆ ☆ ☆ ☆ ☆

S'EMBRASSER AU RÉVEILLON DU NOUVEL AN

NOTE QUANT À L'EXPÉRIENCE

☆ ☆ ☆ ☆ ☆
☆ ☆ ☆ ☆ ☆

AVIS SUR L'EXPÉRIENCE

DATE:

AVIS SUR L´EXPÉRIENCE

OBSERVER LES ÉTOILES

NOTE QUANT À L´EXPÉRIENCE

DATE:

FAIRE DE LA PÊCHE

NOTE QUANT À L´EXPÉRIENCE

☆ ☆ ☆ ☆ ☆
☆ ☆ ☆ ☆ ☆

AVIS SUR L´EXPÉRIENCE

DATE:

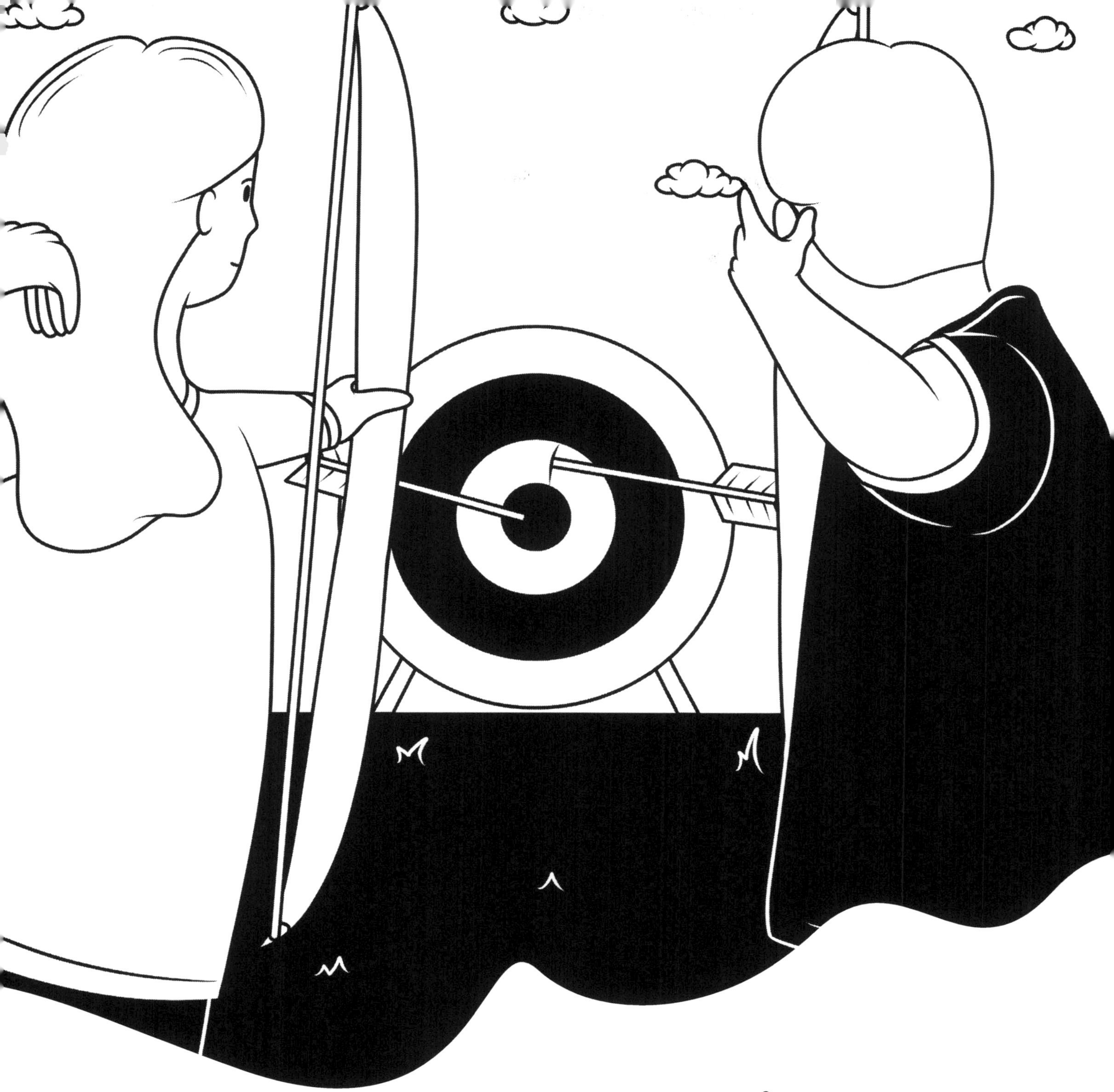

TIR À L'ARC

AVIS SUR L'EXPÉRIENCE

DATE:

NOTE QUANT À L'EXPÉRIENCE

Courir sur une piste d'athlétisme

NOTE QUANT À L'EXPÉRIENCE

☆ ☆ ☆ ☆ ☆
☆ ☆ ☆ ☆ ☆

AVIS SUR L'EXPÉRIENCE

DATE:

AVIS SUR L'EXPÉRIENCE

Courir un MARATHON

NOTE QUANT À L'EXPÉRIENCE

DATE:

PLANTER UN ARBRE

NOTE QUANT À L´EXPÉRIENCE

☆ ☆ ☆ ☆ ☆
☆ ☆ ☆ ☆ ☆

AVIS SUR L´EXPÉRIENCE

DATE:

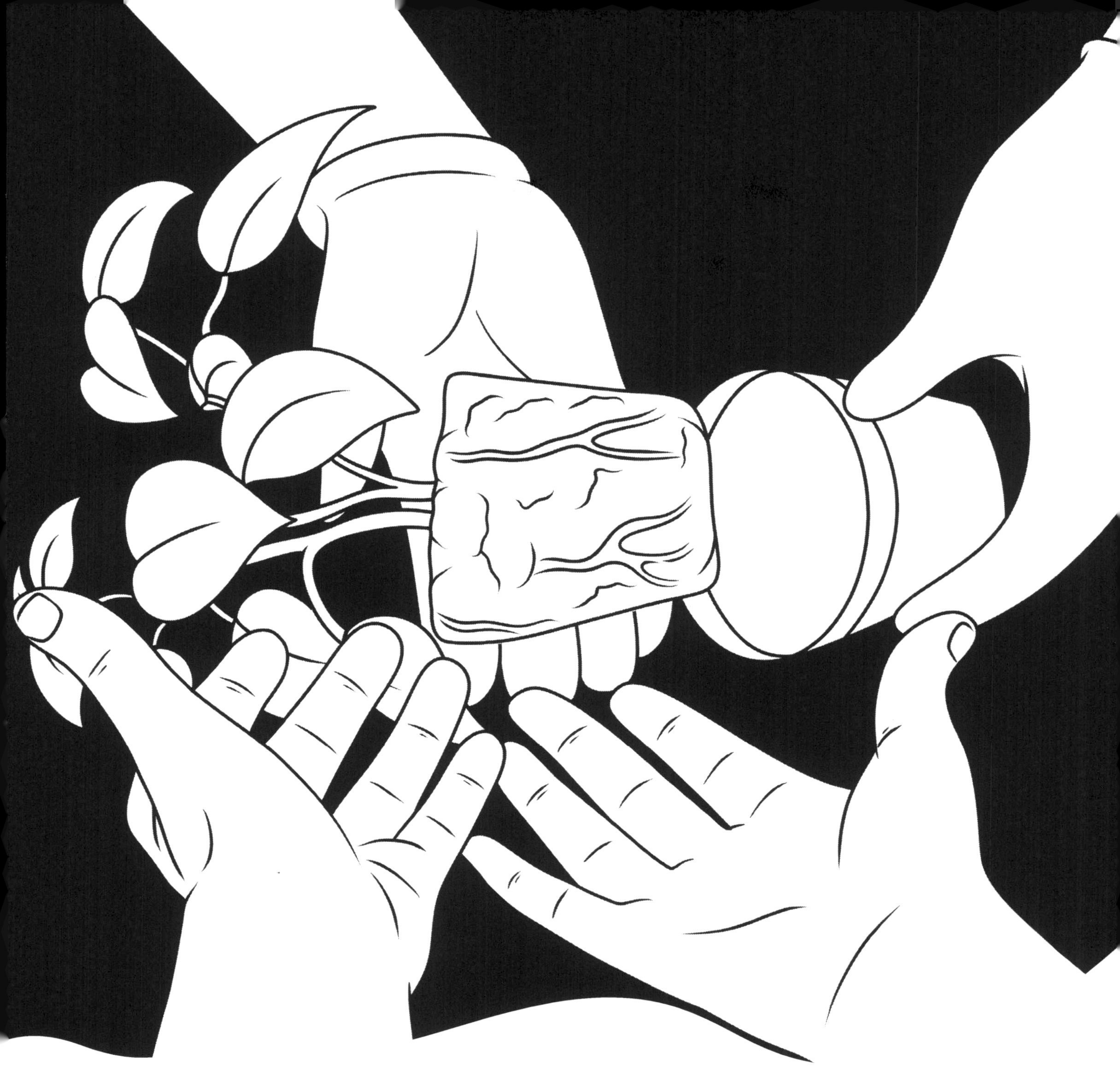

PLANTER UNE PLANTE

AVIS SUR L'EXPÉRIENCE

DATE:

NOTE QUANT À L'EXPÉRIENCE

☆ ☆ ☆ ☆ ☆
☆ ☆ ☆ ☆ ☆

AVIS SUR L´EXPÉRIENCE

Voyage à la Montagne

NOTE QUANT À L´EXPÉRIENCE

☆ ☆ ☆ ☆ ☆
☆ ☆ ☆ ☆ ☆

DATE:

Journée de détente dans un spa

AVIS SUR L´EXPÉRIENCE

DATE:

NOTE QUANT À L´EXPÉRIENCE

AVIS SUR L´EXPÉRIENCE

ASSISTER À UN MARIAGE

NOTE QUANT À L´EXPÉRIENCE

☆ ☆ ☆ ☆ ☆
☆ ☆ ☆ ☆ ☆

DATE:

AVIS SUR L´EXPÉRIENCE

PROMENADE ROMANTIQUE EN BATEAU

NOTE QUANT À L´EXPÉRIENCE

☆ ☆ ☆ ☆ ☆
☆ ☆ ☆ ☆ ☆

DATE:

Monter à BORD D'UNE GRANDE ROUE

NOTE QUANT À L'EXPÉRIENCE

☆ ☆ ☆ ☆ ☆
☆ ☆ ☆ ☆ ☆

AVIS SUR L'EXPÉRIENCE

DATE:

AVIS SUR L'EXPÉRIENCE

MONTER SUR UN MANÈGE

NOTE QUANT À L'EXPÉRIENCE

☆ ☆ ☆ ☆ ☆
☆ ☆ ☆ ☆ ☆

DATE:

Dîner à la plage

NOTE QUANT À L'EXPÉRIENCE

☆ ☆ ☆ ☆ ☆
☆ ☆ ☆ ☆ ☆

AVIS SUR L'EXPÉRIENCE

DATE:

AVIS SUR L´EXPÉRIENCE

DATE:

Dîner à la montagne

NOTE QUANT À L´EXPÉRIENCE

☆ ☆ ☆ ☆ ☆
☆ ☆ ☆ ☆ ☆

Golf

NOTE QUANT À L´EXPÉRIENCE

☆ ☆ ☆ ☆ ☆
☆ ☆ ☆ ☆ ☆

AVIS SUR L´EXPÉRIENCE

DATE:

AVIS SUR L´EXPÉRIENCE

DATE:

TENNIS

NOTE QUANT À L´EXPÉRIENCE

☆ ☆ ☆ ☆ ☆
☆ ☆ ☆ ☆ ☆

AVIS SUR L´EXPÉRIENCE

VOL EN MONTGOLFIÈRE

NOTE QUANT À L´EXPÉRIENCE

☆ ☆ ☆ ☆ ☆
☆ ☆ ☆ ☆ ☆

DATE:

AVIS SUR L´EXPÉRIENCE

SAUT EN PARACHUTE

NOTE QUANT À L´EXPÉRIENCE

☆ ☆ ☆ ☆ ☆
☆ ☆ ☆ ☆ ☆

DATE:

Balade à moto

NOTE QUANT À L'EXPÉRIENCE

☆ ☆ ☆ ☆ ☆
☆ ☆ ☆ ☆ ☆

AVIS SUR L'EXPÉRIENCE

DATE:

AVIS SUR L´EXPÉRIENCE

SE BAIGNER NUS DANS UNE RIVIÈRE OU SUR UNE PLAGE

NOTE QUANT À L´EXPÉRIENCE

☆ ☆ ☆ ☆ ☆
☆ ☆ ☆ ☆ ☆

DATE:

PHOTOGRAPHES PENDANT UN JOUR. MEILLEURE PHOTO DE :

(PRÉNOM DU PARTENAIRE 1)

AVIS DU PARTENAIRE 2 SUR LA PHOTO

☆ ☆ ☆ ☆ ☆

AVIS SUR L'EXPÉRIENCE

DATE:

PHOTOGRAPHES PENDANT UN JOUR. MEILLEURE PHOTO DE:

(PRÉNOM DU PARTENAIRE 2)

AVIS DU PARTENAIRE 1 SUR LA PHOTO:

☆ ☆ ☆ ☆ ☆

AVIS SUR L´EXPÉRIENCE

DATE:

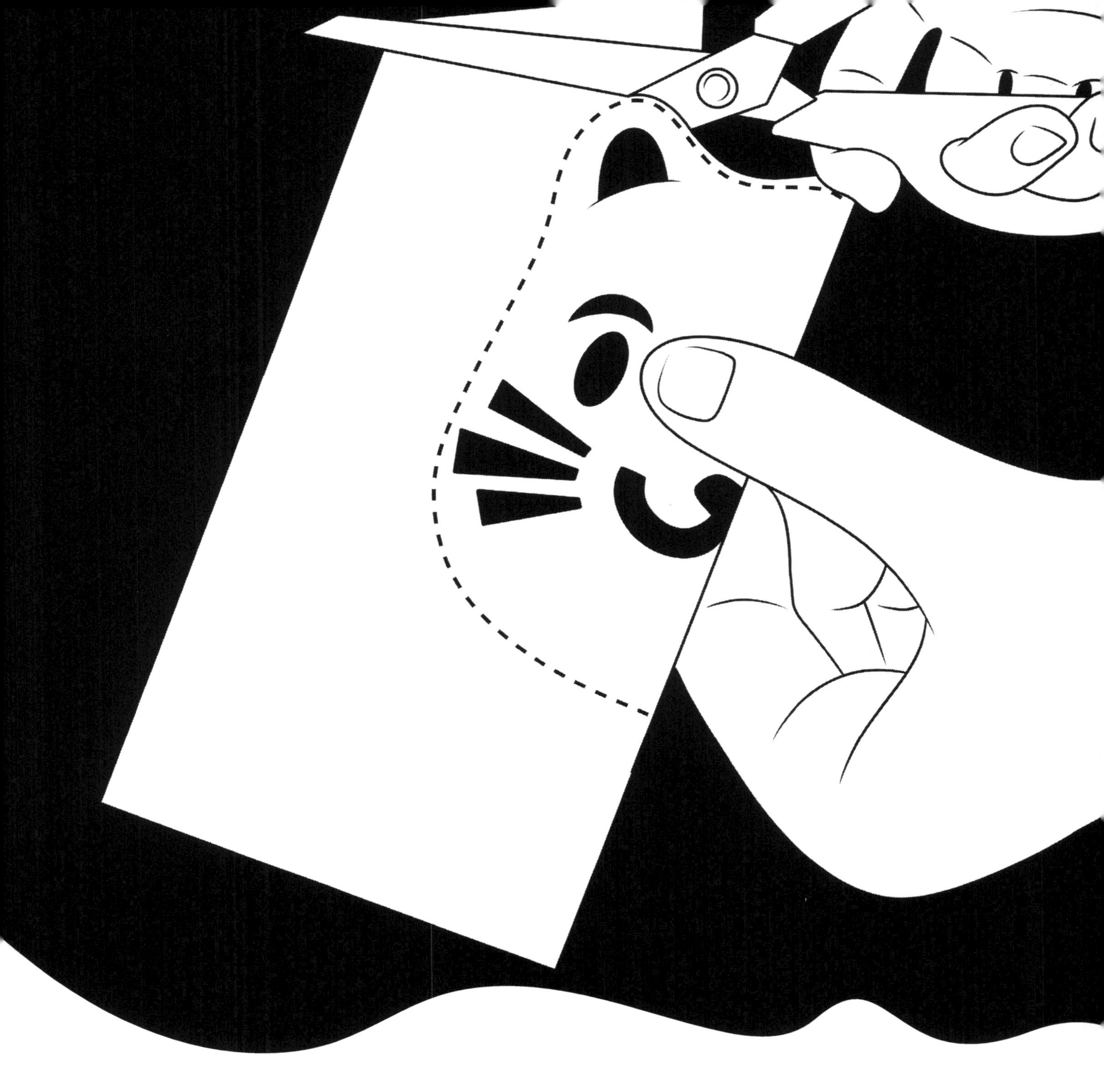

BRICOLER L'APRÈS-MIDI

NOTE QUANT À L'EXPÉRIENCE

☆ ☆ ☆ ☆ ☆
☆ ☆ ☆ ☆ ☆

AVIS SUR L'EXPÉRIENCE

DATE:

AVIS SUR L'EXPÉRIENCE

FABRIQUER UNE BIÈRE ARTISANALE

NOTE QUANT À L'EXPÉRIENCE

☆ ☆ ☆ ☆ ☆
☆ ☆ ☆ ☆ ☆

DATE:

AVIS SUR L´EXPÉRIENCE

SE DÉGUISER POUR HALLOWEEN

NOTE QUANT À L´EXPÉRIENCE

☆ ☆ ☆ ☆ ☆
☆ ☆ ☆ ☆ ☆

DATE:

AVIS SUR L´EXPÉRIENCE

DATE:

Se déguiser pour le carnaval

NOTE QUANT À L´EXPÉRIENCE

☆ ☆ ☆ ☆ ☆
☆ ☆ ☆ ☆ ☆

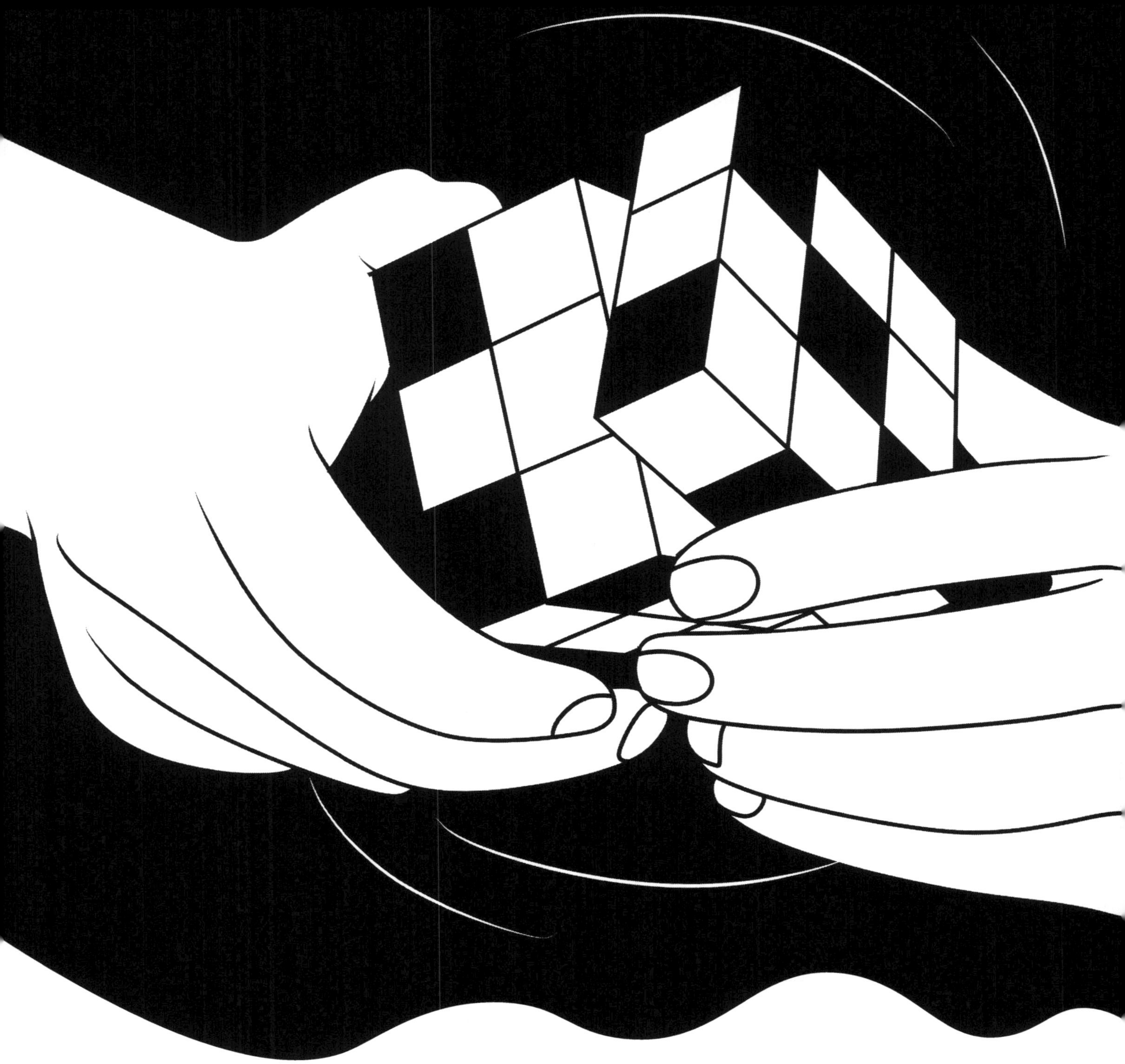

AVIS SUR L´EXPÉRIENCE

RÉSOUDRE UN RUBIK'S CUBE

NOTE QUANT À L´EXPÉRIENCE

☆ ☆ ☆ ☆ ☆
☆ ☆ ☆ ☆ ☆

DATE:

AVIS SUR L´EXPÉRIENCE

DATE:

ACHETER UN JEU DE SOCIÉTÉ

NOTE QUANT À L´EXPÉRIENCE

☆ ☆ ☆ ☆ ☆
☆ ☆ ☆ ☆ ☆

Promenade sur la plage

AVIS SUR L´EXPÉRIENCE

NOTE QUANT À L´EXPÉRIENCE

☆ ☆ ☆ ☆ ☆
☆ ☆ ☆ ☆ ☆

DATE:

AVIS SUR L´EXPÉRIENCE

Promenade en forêt

NOTE QUANT À L´EXPÉRIENCE

☆ ☆ ☆ ☆ ☆
☆ ☆ ☆ ☆ ☆

DATE:

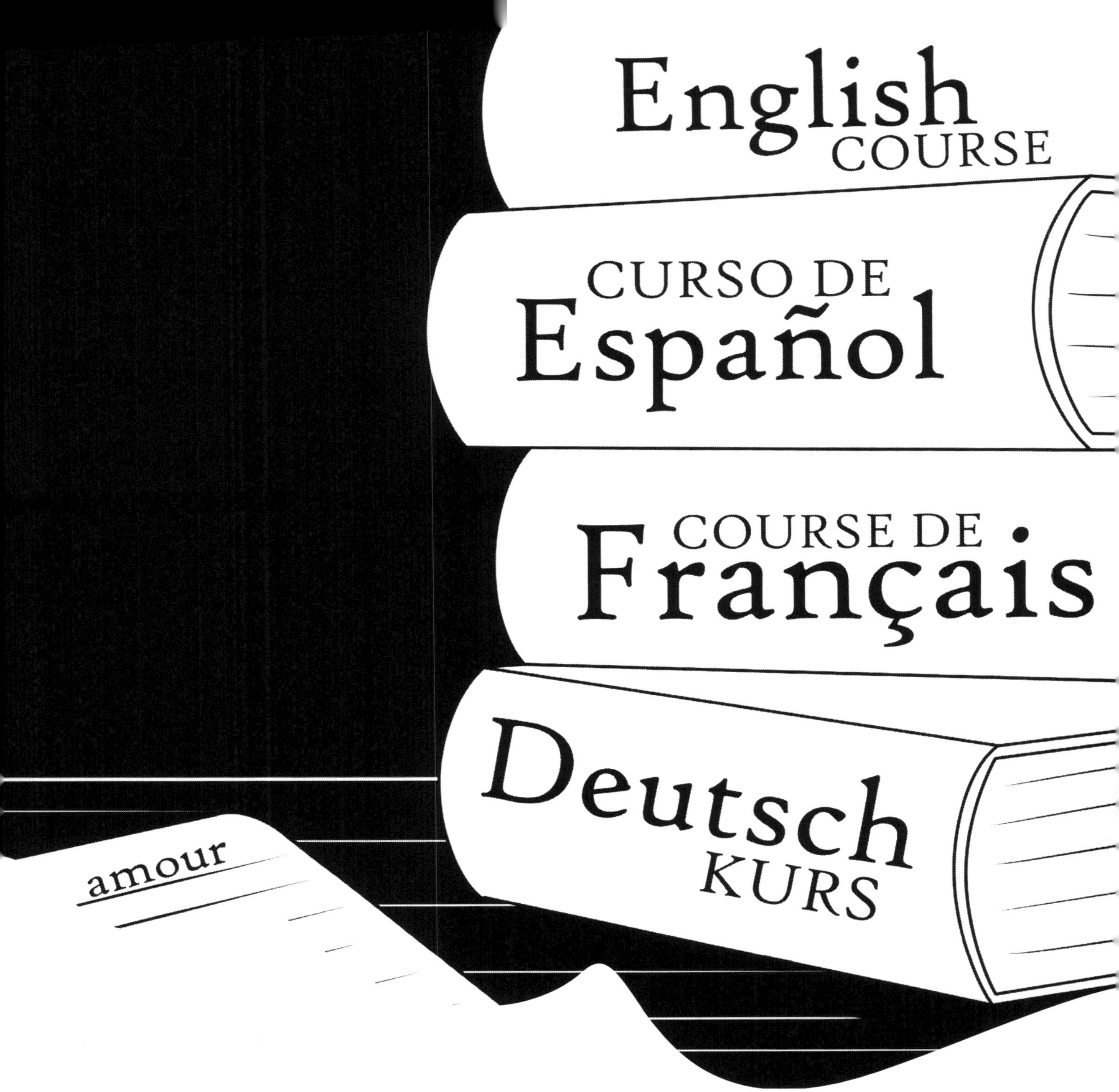

APPRENDRE UNE NOUVELLE LANGUE

NOTE QUANT À L´EXPÉRIENCE

☆ ☆ ☆ ☆ ☆
☆ ☆ ☆ ☆ ☆

AVIS SUR L´EXPÉRIENCE

DATE:

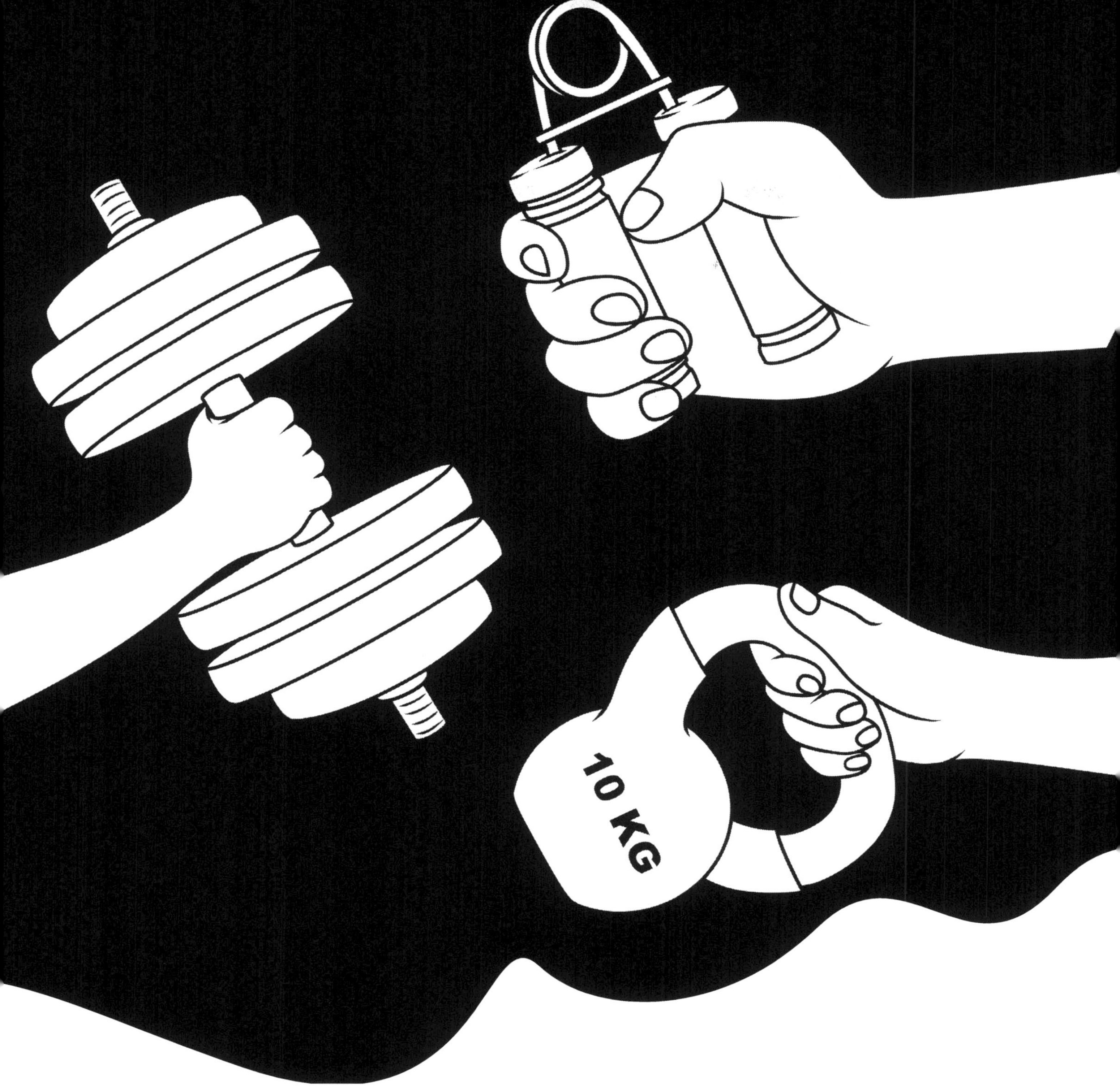

S'INSCRIRE DANS UNE SALLE DE SPORT

AVIS SUR L´EXPÉRIENCE

NOTE QUANT À L´EXPÉRIENCE

DATE:

Une journée au lac

NOTE QUANT À L´EXPÉRIENCE

☆ ☆ ☆ ☆ ☆
☆ ☆ ☆ ☆ ☆

AVIS SUR L´EXPÉRIENCE

DATE:

VISITER UN NOUVEAU VILLAGE

AVIS SUR L´EXPÉRIENCE

DATE:

NOTE QUANT À L´EXPÉRIENCE

☆ ☆ ☆ ☆ ☆
☆ ☆ ☆ ☆ ☆

VISITER UNE NOUVELLE VILLE

NOTE QUANT À L´EXPÉRIENCE

☆ ☆ ☆ ☆ ☆

☆ ☆ ☆ ☆ ☆

AVIS SUR L´EXPÉRIENCE

DATE:

AVIS SUR L´EXPÉRIENCE

DÉCOUVRIR UN NOUVEAU RESTAURANT

NOTE QUANT À L´EXPÉRIENCE

DATE:

AVIS SUR L´EXPÉRIENCE

SE MARIER

NOTE QUANT À L´EXPÉRIENCE

☆ ☆ ☆ ☆ ☆
☆ ☆ ☆ ☆ ☆

DATE:

LUNE DE MIEL

AVIS SUR L´EXPÉRIENCE

DATE:

NOTE QUANT À L´EXPÉRIENCE

☆ ☆ ☆ ☆ ☆
☆ ☆ ☆ ☆ ☆

ACHETER UNE VOITURE

NOTE QUANT À L'EXPÉRIENCE

☆ ☆ ☆ ☆ ☆
☆ ☆ ☆ ☆ ☆

AVIS SUR L'EXPÉRIENCE

DATE:

AVIS SUR L´EXPÉRIENCE

DATE:

ACHETER UNE MAISON

NOTE QUANT À L´EXPÉRIENCE

☆ ☆ ☆ ☆ ☆
☆ ☆ ☆ ☆ ☆

Printed in France by Amazon
Brétigny-sur-Orge, FR

16747154R00100